Gioconda Belli
Wenn du mich lieben willst

Gioconda Belli

Wenn du mich lieben willst

Gedichte aus Nicaragua

Ausgewählt und übersetzt
von Dieter Masuhr

Peter Hammer Verlag

Dialog Dritte Welt

Dieser Band vereint Gedichte und Texte aus *Sobre la grama* (1974), *Linea de fuego* (1978) und *Truenos y arcoiris* (1982).

Umschlaggestaltung: Alex Wick/Gerhard Steidl unter Verwendung eines Aquarells von Volker Cornell
Gesamtherstellung: Steidl, Göttingen

CIP-Kurztitelaufnahme der Deutschen Bibliothek

Belli, Gioconda:
Wenn du mich lieben willst: Gedichte aus Nicaragua / Gioconda Belli.
Ausgew. u. übers. von Dieter Masuhr.
– Wuppertal: Hammer, 1985. –

(Dialog Dritte Welt; Bd. 31)
ISBN 3-87294-279-4

Vorwort

Gioconda Belli wurde 1948 als Tochter einer reichen Familie in Nicaragua geboren. Sie ging in Spanien zur Schule und studierte in den USA Kommunikationswissenschaften. Mit zwanzig Jahren erhielt sie den Preis »Mariano Fiallos Gil« der Universität Leon (Nicaragua) für ihre erste Gedichtsammlung »Sobre la grama« (Auf dem Rasen), die 1974 als Buch erschien. Gleichzeitig kam sie mit den Revolutionären in Berührung, die gegen die Diktatur des Anastasio Somoza kämpften, und wurde 1970 Mitglied der Sandinistischen Befreiungsfront FSLN. In einem ihrer Gedichte nennt sie sich selbst »renegada de mi clase«, Abtrünnige ihrer Klasse. Sie nahm an den Vorbereitungen zur ersten erfolgreichen Geiselnahme der Saninisten teil, als die Befreiungsfront im Dezember 1974 im Hause eines Ministers Somozas die gesamte Führungsclique der Diktatur gefangennahm und gegen ihre eigenen Gefangenen austauschte. Der Anführer dieser Unternehmung war der Comandante Marcos, auf dessen späteren Tod Gioconda Belli eins ihrer bewegendsten Gedichte geschrieben hat. Sie mußte 1975 ins Exil gehen, zuerst nach Mexiko, wo sie ihren zweiten Gedichtband, »Linea de fuego« (Feuerlinie), schrieb, und später nach Costa Rica. Für »Linea de fuego« erhielt sie 1978 den wichtigen Preis der *Casa de las Americas.* Während der letzten Monate des Kriegs gegen die Diktatur war sie Mitglied der außenpolitischen Kommision der Befreiungsfront. Nach dem Sieg der Revolution 1979 arbeitete sie an verschiedenen Stellen der neuen Verwaltung, im Fernsehen, im Planungsministerium. Zur Zeit leitet sie das nicaraguanische Presse- und Informationsamt. Sie hat drei Kinder. 1982 veröffentlichte sie den Gedichtband »Truenos y arcoiris« (Donner und Regenbogen). Außerdem erscheinen ihre Gedichte in den Kulturbeilagen der nicaraguanischen Tageszeitungen.

Die hier versammelten Gedichte sind aus allen drei Gedichtbänden ausgewählt. Zusätzlich habe ich einige bisher unveröffentlichte Texte übersetzt. Das Buch ist in vier Abschnitte unterteilt. Der erste Abschnitt »Wenigstens Blumen, wenigstens Lieder« enthält Gedichte aus dem Exil, frühe Gedichte aus »Sobre la grama« und »Linea de fuego«. Im zweiten Abschnitt »Ich bin« sind ebenfalls

Gedichte aus diesen beiden Bänden, in denen sich Gioconda Belli als Frau, Liebende, Mutter bewußt wird, mit anderen Texten zum Aufstand in ihrem Land zusammengestellt. Der dritte Teil »Die Orchidee aus Stahl« bringt ihre wichtigsten Gedichte aus dem Befreiungskrieg, die Liebesgedichte, die sie bekannt gemacht haben. Die Gedichte des vierten Abschnitts »Eva verweist auf die Äpfel« sind alle nach dem Sieg der Revolution entstanden, sie sind weniger feurig, dafür eindringlicher und eher nachdenklich.

Für die Leser, die die spanische Originalfassung kennen, möchte ich anfügen, daß ich in einigen der Gedichte in bestimmten Zusammenhängen das Wort »invierno« (Winter) mit »Sommer« übersetzt habe, weil »invierno« in Nicaragua die Regenzeit bedeutet, die warme, fruchtbare, sehnsüchtig erwartete Zeit des Jahres.

I

Wenigstens Blumen, wenigstens Lieder

Al menos flores, al menos cantos . . .

Quedará de nosotros
algo más que el gesto o la palabra:
Este deseo candente de libertad,
esta intoxicación,
                  se contagia!

Wenigstens Blumen, wenigstens Lieder

Von uns bleibt mehr
als Worte oder Gesten:
der glühende Wunsch nach Freiheit,
ansteckende Sucht.

Was bist du, Nicaragua?

Was sonst,
wenn nicht ein kleines Stück Land im Dreieck,
in der Mitte der Welt verloren?

Was sonst, wenn nicht der Flug der Vögel,
der Guardabarrancos,
Zenzontles,
Kolibris?

Was sonst, wenn nicht ein Flüsserauschen,
das blankgeschliffene, glitzernde Kiesel mit sich trägt,
Wasserspuren in den Bergen?

Was sonst,
wenn nicht Brüste aus Erde aufgewölbt,
glatt, spitz, bedrohlich?

Was sonst,
wenn nicht Blättersingen in gewaltigen Bäumen,
grün, mit flatternden Tauben?

Was sonst, wenn nicht Schmerzen und Staub und Schreie am Tagesende,
»Schreie von Frauen, wie bei der Geburt«?

Was sonst,
wenn nicht geballte Faust und die Kugel im Lauf?

Wer bist du, Nicaragua,
mich so zu quälen?

Streik

Ich wünsche mir einen Streik, den alle unterstützen,
einen Streik mit Armen, Beinen und Haaren,
in jedem Körper entsteht dieser Streik.

Ich wünsche mir einen Streik
der Arbeiter   Tauben
Schofföre   Blumen
Techniker   Kinder
Ärzte   Frauen.

Ich will einen großen Streik,
bis an die Liebe soll er heranreichen,
einen Streik, bei dem alles stehn bleibt,
die Uhr   die Fabriken
die Schule   die Universität
der Bus   die Krankenhäuser
die Straße   die Häfen
einen Streik der Augen, Hände und Küsse,
einen Streik, der den Atem anhält,
einen Streik, bei dem es so still wird,
        daß wir des fliehenden Tyrannen
        Schritte hören.

Bis daß wir frei sind

Flüsse überfluten mich,
Berge durchbohren meinen Leib,
und dieses Landes Gestalt
formt sich in mir
zu Seen, Tälern, Schluchten,
Land für die Aussaat der Liebe,
die bricht mich auf wie eine Furche,
und erfüllt mich mit Lebenslust,
um es frei, schön zu erblicken,
voller Lachen.

Ich will explodieren vor Liebe,
und daß meine Kugeln Schluß machen mit den Unterdrückern,
mit Stimmen singen, daß meine Poren aufplatzen,
daß mein Gesang anstecke,
damit wir krank vor Liebe werden,
vor Hunger nach Gerechtigkeit,
daß alle wir uns ein Herz fassen
ohne Angst vor Schwäche,
denn ein Herz so groß wie unseres
widersteht den grausamsten Foltern,
nichts besänftigt seine verheerende Liebe,
und von Herzschlag zu Herzschlag
wird sie stärker und stärker,
betäubt den Feind,
und er hört sie aus allen Wänden quellen,
und er sieht sie in allen Blicken glänzen,
und er fühlt sie herannahen
wie eine ungeheure Flutwelle
jeden Morgen, den das Volk sich erhebt
zur Arbeit auf Feldern, die ihm nicht gehören,
in jedem Aufschrei der Eltern beim Tod ihrer Söhne,
in jeder Hand, die sich im Leid mit andern verklammert.

Denn die Kraft dieser Liebe
wird alles mitreißen
und nichts zurücklassen,
bis unseres Volkes Klagen nicht mehr ersticken,
und Jubelrufe vom Sieg
in die Berge einfallen,
in die Flüsse tauchen,
die Zweige der Bäume schütteln.

Laßt uns also
unsre Toten erwecken,
mit dem Leben, das sie uns vermacht haben,
und alle gemeinsam singen,
während Vogelkonzerte
unsere Botschaft wiederholen
in allen
Weiten
von Amerika.

Wer nicht weiß, daß heutzutage
Schmerz ebenfalls ein verbreiteter Name ist . . .
Mario Benedetti

Das weiß die Zeit, in der ich den blauen Himmel nicht sah
mit seinen dicken Wolken aus roher Baumwolle:
die Schmerzen des Exils
lassen aus meinem Fleisch Zypressen wachsen.

Schmerz ist die Erinnerung an die feuchte Erde,
das tägliche Zeitunglesen mit immer wieder
neuen Grausamkeiten, mit dem Tod
und der Gefangennahme von Freunden,
mit dem Verschwinden der Bauern,
wie vom Berg verschluckt.

Schmerz ist, durch Straßen zu gehen
mit Namen anderer Tage, anderer Schlachten, anderer Helden,
nichts davon gehört zu meiner Geschichte.
Schmerz ist, unter Unbekannten zu gehen,
mit denen ich kein Gedicht teilen kann,
nicht über die Familie reden,
nicht einmal auf die Regierung schimpfen.

Schmerz ist das Ankommen an der Grenze,
der See von weitem im Blick,
das Straßenschild: Grenze von Nicaragua,
und doch zu wissen, daß man nicht hinüber kann,
höchstens sich hochrecken
nach dem Duft der Blumen und Felder und Rodungen.

Schmerz,
doch er wächst an den Liedern,
denn Schmerz ist fruchtbar wie Freude,
rieselt, bewässert von innen,
lehrt unerwartete Dinge,

lehrt Zorn,
und blüht schon auf so vielen Gesichtern,
daß unter Schmerzen
wir unfehlbar gebären
einen Morgen auf diese lange Nacht.

Sie verfolgten mich

mit ihren Blicken schlecht bezahlter Hunde,
verfolgten mich
von Morgengrauen zu Morgengrauen,
bespitzelten mich,
drückten sich auf der Straße vor dem Haus herum,
stellten ihre Autos an der Ecke ab
und gingen mir nach durch die ganze Stadt,
über alle Straßen, Kreuzungen, Ampeln.
Sie verfolgten mich
mit ihrem Verdruß,
von Verbrechen und Folter gezeichneten Gesichtern.
Sie belauerten mich,
meiner Angst sicher,
lauerten darauf, daß mir der Schlaf verginge,
daß meine Überzeugungen,
daß ich den Kampf und meine Brüder verriete.
Mit jedem Morgen fühlte ich
einen jedes Mal wütenderen Haß
und erfand mir Gedärme,
ihn unterzubringen,
einen Haß, der nach Kugeln, Pistolen, Maschinengewehren
verlangte,
einen Haß, dessen ich mich niemals fähig geglaubt,
der sie mich hätte umbringen lassen,
kaltblütig.
Und verfolgten mich,
hörten mein Telefon ab,
überwachten meine Arbeit,
schickten mir Drohbriefe,
und ich, die ich mich nie für besonders mutig hielt,
spürte jedesmal mehr Mut,
mehr Kraft
weiter zu kämpfen,
wie ich weiter gekämpft habe,
ins Knie sollen sie sich ficken!

Oh, Nicaragua,

du bist mein Mann
mit dem Mädchennamen!

Ich mag dich.
Wie du dich mit Wald,
mit Tal und Berg ausdehnst, mag ich dich.
Ich mag deine Hitze, und wie die Sonne auf deinen Wegen steht,
ich mag deine riesige, grüne, haarige Brust,
darin hör ich Vulkane und Magma grollen,
ich mag den Donner, wenn dein Himmel atmet,
wenn es regnet und gießt,
ich mag die Weise, wie du mich besessen hast,
mich angefüllt hast mit Blumen, mit Schmerz, mit Lachen
von Fuß bis Kopf.

Den Kopf hast du mir verdreht,
ich bin ganz verliebt in dich,
und wenn ich dich verließ, so nicht für lange,
nicht, um die Ketten und Feilen zu vergessen,
nicht, um zu vergessen, was nicht zu vergessen ist.

Ich bin bei dir, mein Nicaragua,
mein Mann
mit dem Mädchennamen.

Fallen überkommen

Du fühlst wieder Wärme in deinen Fingerkuppen,
wieder das Prickeln im Magen, etwas zu schreiben,
und schreibst wieder, bist wieder Dichterin, Frau, Vogel.
Bist ein weiteres Mal erdig und fruchtbar,
flüssiges Feuer in den Adern, die du schon
versteinert glaubtest wie begradigte Flüsse.

Du jubelst vor Freude beim Aufwachen, unter Wohklang und
weißen Blüten.
Im Grunde ist es ein Gefühl wie noch einmal
geboren zu werden trotz aller Fallen,
die das Mittelmaß bereithält und das Exil.

Niemand sucht aus

Man sucht sich das Land seiner Geburt nicht aus,
und liebt doch das Land, wo man geboren wurde.

Man sucht sich die Zeit nicht aus, in der man die Welt betritt,
aber muß Spuren in seiner Zeit hinterlassen.

Seiner Verantwortung kann sich niemand entziehen.

Niemand kann seine Augen verschließen, nicht seine Ohren,
stumm werden und sich die Hände abschneiden.

Es ist die Pflicht von allen zu lieben,
ein Leben zu leben,
ein Ziel zu erreichen.

Wir suchen den Zeitpunkt nicht aus, zu dem wir die Welt
betreten,
aber gestalten können wir diese Welt,
worin das Samenkorn wächst,
das wir in uns tragen.

Klar sind wir kein Beerdigungsinstitut,
wir nehmen uns das Recht auf Fröhlichkeit ...
Mario Benedetti

Klar, wir sind kein Beerdigungsinstitut:
trotz all der hinuntergeschluckten Tränen
sind wir fröhlich genug, Neues anzugehn;
unsere Tage und Nächte genießen wir,
auch die Müdigkeit, und fangen
das Lachen ein aus dem hohen Wind.

Wir nehmen uns das Recht, fröhlich zu sein,
die Liebe anzutreffen
in ferner Erde,
beneidenswert,
weil wir Freunde fanden,
mit ihnen zu teilen
Brot, Schmerz und Bett.

Eigentlich sind wir geboren, glücklich zu sein,
doch umstellen uns Trauer und Verdruß,
Tod, und der Zwang, uns zu verbergen.
Flüchtig wie Ausbrecher
sehn wir zu, wie sich Furchen in unsere Stirn eingraben,
und wir werden ernst,
aber immer wieder kommt uns das Lachen,
wie an unsere Fersen geheftet,
und wir können uns vor Lachen ausschütten
und in der schwärzesten und engsten Nacht glücklich sein,
denn wir bestehen aus großer Hoffnung,
aus großer Zuversicht, die uns voranbringt,
und wir haben den Sieg um den Hals geschlungen
und schlagen seine Glocke, lauter mit jedem Schlag,
und wir wissen, nichts kann geschehn, was uns aufhält,
denn wir sind Samen und Wohnung eines heimlichen Lächelns,
das wird schon bald
aus allen Gesichtern
springen.

Ich lebe in Costa Rica,
zu Verbannung verurteilt
und achtzehn Monaten Gefängnis,
weil ich mehr als erlaubt
geliebt habe.

II

Ich bin

Yo soy

Yo soy tu cama,
tu suelo,
soy tu guacal
en el que te derramás sin perderte
porque yo amo tu semilla
y la guardo.

Ich bin

Ich bin dein Bett,
dein Boden,
bin deine Kürbisflasche,
dahinein ergießt du dich und verlierst nichts von dir,
denn ich liebe deinen Samen
und bewahre ihn.

Verwandlung

Die Kletterpflanze
kriecht mir
aus den Ohren.

Meine Augen haben sich in schwankende
Staubblätter verwandelt,
mein Mund ist voll
von violetten Blumen.

Wenn ich gehe,
verstreue ich Blätter
über das Haus.

Alles im Raum ist meinen Zweigen im Weg,
überall verfange ich mich,
sogar meine Nase
ist grün geworden,
mein Duft anders,
ich stoße mich an den Möbeln,
meine Beine
brechen die Fliesen auf,
dringen in die Erde ein
und verwurzeln.

Mein Haar läßt keine Bewegung mehr zu,
es hat sich an die Wände geheftet,
die Arme sind verschwunden,
nur Finger habe ich noch,
und mein Körper
ist zum Stamm geworden.

Mit meinen Fingern
berühre ich mich
von allen Seiten,
erkenne mich wieder

in Blättern
und Zweigen
und den Blumen, die in meinem Mund sind
und meine Zähne färben.

Meine Finger streichen an mir entlang,
und wo sie mich berühren,
wachsen Zweige,
und endlich,
nach viel Widerstand,
werden die Hände weich,
Knospen sprießen
aus den Fingerkuppen.

Mein Mund voller lila Blüten
hat meinen Körper beredet,
ich bin verwandelt
in eine Kletterpflanze,
stachlich,
allein,
Natur geworden.

Und Gott machte eine Frau aus mir

Und Gott machte eine Frau aus mir,
mit langem Haar,
Augen,
Nase und Mund einer Frau.
Mit runden Hügeln
und Falten
und weichen Mulden,
höhlte mich innen aus
und machte mich zu einer Menschenwerkstatt.
Verflocht fein meine Nerven
und wog sorgsam
meine Hormone aus.
Mischte mein Blut
und goß es mir ein,
damit es meinen Körper
überall bewässere.
So entstanden die Gedanken,
die Träume,
die Instinkte.
All das schuf er behutsam
mit seinen Atemstößen
und seiner bohrenden Liebe,
die tausendundein Dinge, die mich täglich zur Frau machen,
derentwegen ich stolz
jeden Morgen aufwache
und mein Geschlecht segne.

Mutterschaft

Mein Leib,
als ein ergiebiger Boden,
schwillt an.

Schon wird mein ebener Bauch
zu einem runden, klopfenden Hügel,
und darin wächst
so geheimnisvoll
in Wasser, Blut und Stille
wie eine sich öffnende Faust das Kind,
das du sätest
in das Innere meiner Fruchtbarkeit.

Ungeborenes

Du,
kleines Wesen,
du wächst in mir,
du gibst mir ein neues Maß.

(Meinen Umfang hast du ausgeweitet: wenn ich die Treppe hinuntergehe, kann ich meine Füße nicht mehr sehen. Vorsichtig muß ich ins Auto steigen und langsam spazierengehen.)

Nachts weckst du mich schon auf,
wenn du sanft an die Türe klopfst
meines heimlichen Hauses innen.

Ohne ein Wort reden wir miteinander,
und dann singe ich dich wieder in Schlaf
mit dem Rieseln meines Blutes
und meinem Herzschlag.

Das Vogelgezwitscher spürst du noch vor mir,
dann rührt sich zufrieden dein Leben
wie ein Hundeschwänzchen
am Morgen.

Du bist mein kleiner Bewohner,
mit dir lebe ich Tür an Tür,
und ich bin deine Fruchtblase,
du winziges Menschlein ohne Geschlecht.
Manchmal stell ich mir vor, du seist eine Frau,
manchmal ein Mann,
und ich liebe dich ohne dich zu kennen,
ich ernähre dich und warte nur auf den Tag,
an dem wir uns treffen.

Die Brust geben

Ich muß sie behutsam aufnehmen.

Es ist wie in der Hand Wasser tragen,
ohne es zu verschütten.

Ich setze mich in den Schaukelstuhl,
wiege sie hin und her,
und wenn sie zu schreien anfängt,
gebe ich ihr Milch wie eine friedliche Kuh.

Sie ist wieder mein,
an mich geschmiegt,
auf mich angewiesen,
so wie es war, als allein ich sie kannte,
und sie in meinem Bauch wohnte.

Die Mutter

hat sich umgezogen.
Den Rock hat sie mit einer Hose vertauscht,
Schuhe mit Stiefeln,
Handtasche mit Rucksack.
Sie singt nicht mehr Wiegenlieder,
sondern aufrührerische Gesänge.
Geht ungekämmt und weint,
weil eine Liebe sie ausfüllt und überwältigt.
Sie liebt nicht mehr nur ihre Kinder,
noch gibt sie sich allein ihren Kindern hin.
Legt an ihre Brüste
tausend hungrige Münder,
ist Mutter zerlumpter Kinder,
von Jungen, die im Staub Kreisel drehen.
Sie hat sich selbst hervorgebracht
und fühlt sich manchmal schwach
unter der Last von so viel Liebe auf ihren Schultern.
Sie denkt dann an die Frucht ihres Leibes,
fern und alleingelassen,
die nach ihr ruft, nachts, ohne Antwort,
während sie anderen Schreien antwortet,
doch den einsamen Schrei ihres Fleisches immer im Ohr,
der ein Schrei mehr im Schreien des Volkes ist, das nach ihr ruft,
und ihr sogar
die eigenen Kinder
aus den Armen reißt.

Seit Monaten schon, mein Kind,

hab ich dich nicht gesehn,
seit Monaten hab ich dich nicht
warm in den Schlaf gewiegt,
seit Monaten sprechen wir nur über Telefon miteinander,
Ferngespräche, da müssen wir schnell reden,
wie erklär ich dir, Liebling,
mit zweieinhalb Jahren, was eine Revolution ist?

Wie sage ich dir, viele Menschen sind im Gefängnis;
in den Bergen zerreißt das Leid ganze Dörfer;
andere Kinder gibts, die nie mehr die Stimme der Mutter hören?
Wie erklär ich dir, daß es manchmal notwendig ist, sich zu
trennen,
weil der Kreis sich schließt,
und man die Heimat, das Haus und die Kinder verlassen muß
bis wer weiß wann
(und doch vertrauen wir auf den Sieg),
wie erklär ich dir, daß das Land, das wir schaffen, für dich ist,
wie erklär ich dir diesen ganzen Krieg
gegen das Leid, gegen den Tod, gegen die Ungerechtigkeit?
Wie erklär ich dir so,
so viele Dinge,
mein kleines Mädchen?

Zeugen wir Kinder

hunderte Kinder, sie werden geboren
zwischen braunen Beinen, unter Gesängen.

Zeugen wir Kinder,
mit geballten Fäusten,
die Verschwörung, das Geheimnis in den Augen.

Zeugen wir Kinder,
sie werden auftauchen in Bergen, Städten und Feldern,
Kinder mit Blitzen im Blick,
Kinder verschwiegen; nachts überbringen sie Botschaften.

Kinder ohne Vater und Mutter,
Söhne von Frau und Mann im Verborgenen,
heimliche Kinder.

Zeugen wir Kinder,
gebären wir
für jeden getöteten Mann und jede getötete Frau
hundert Kinder,
die weiterkämpfen.

Früher einmal war ich ein fröhliches Mädchen,

mir gehörte mit meinem Lachen
die ganze Stadt.
Früher einmal war ich Dichterin,
führte ein neues Gedicht aus,
wie man ein Kind ausführt,
um ihm etwas zu zeigen, sich an ihm zu freuen.
Früher einmal war ich Mutter von zwei niedlichen Töchtern,
fühlte mich sicher meines Glücks,
bot dem Wind die Stirn, und den Dingen.

Nun
eine Frau, die das Land nicht kennt, wo sie wohnt,
ohne Liebe, ohne Lachen, ohne Nicaragua,
eine Dichterin, die im Verborgenen schreibt,
in ernsten Büros, im Gasthaus,
ein Mädchen, das unter einem Regenschirm weint,
wenn die Erinnerung zubeißt,
eine Mutter, die sich nach ihren fröhlichen Töchtern sehnt,
nun
bin ich ein wehmütiger Regengesang,
bin ich gar nicht da.

Ich beobachte das gebogene Palmblatt,
wie ein Luftzug es hin und her bewegt.
Ich warte auf das Wort, das mich aus der Verstellung erlöst,
die Parole, die mich bekleidet mit Wolken und Regenbogen,
die mir den Hörer aus der Hand nimmt, wenn ich angestrengt
Formeln aufsage,
die mich befreit aus ernsten Büromauern,
wo ich wie eine Taube im Käfig bin, die tut was sie tut,
während es draußen Blumen gibt, Zorn, Schweiß, Hände
vertrauensvoll am Abzug der Pistole.

Was ich sah in einem Fenster in Houston, Texas

Von hier aus sehe ich dich,
undeutlich,
Angestellter der Fannin Bank
in Houston, Texas,
in Bilanzen und Rechnungen befangen.
Niemals wirst du erfahren, wer ich bin –
wahrscheinlich bleibt dir nicht viel Zeit zum Lesen,
erst recht nicht für das, was ich schreibe,
und was die Zeitungen in deiner Stadt nicht bringen.
Ich kenne dich auch nicht,
und doch schreibe ich solidarisch diese Zeilen
an deine unbewegte Gestalt,
gebückt über die Zahlen
irgendeiner unsichtbaren Bilanz,
die du mit deinem Namen unterzeichnest
(vermutlich instinktiv),
da du vielleicht oder sehr wahrscheinlich
nicht viel von dir selbst weißt,
so wie auch ich nicht viel von mir weiß
in dieser Stadt, die ohne die geringste Anstrengung
unseren lautesten Protest
ersticken würde.

Bekleidet mit Sprengstoff

Ich muß jetzt die Schminke kaufen gehen, hinter der ich mich jeden Tag verstecke, damit niemand merkt, wie klein meine Augen sind, wie Maus- oder Elefantenaugen. Seit einer Stunde gehe ich schon, aber mein warmes Zimmer hält mich zurück, die Einsamkeit, die mir diesmal behagt, und die Bücher, die ich wie Männer über mein Bett verstreut habe, mit denen ich schlafe, in einer Orgie aus Armen und Beinen, die mir den Verdruß am Leben austreiben und die Brustwarzen zerkratzen, das Geschlecht und mich vollpumpen mit ihrem Samen aus Buchstaben, die mich befruchten, und ich will nicht auf die Straße gehen mit traurigem Gesicht, während ich lieber aus vollem Herzen lachte, aus keinem anderen Grund als dem, mit Wörtern schwanger zu sein, gegen die Konsumgesellschaft, die mich liebt mit ihren Schaufenstern, worin unerschwingliche Dinge liegen, die ich mit all meinen weiblichen Hormonen ablehne, wenn ich an die ausgelaugten und tristen Gesichter der Leute in der Stadt denke, wie sie heute morgen aufgestanden sind, wie sie immer aufstehen, und wie sie solange weiter aufstehn werden, bis wir uns endlich Dynamit überstreifen und in die Regierungsgebäude eindringen und in die Ministerien und in die Kasernen, ein Streichholz in der Hand.

Bibel

Meine Hände seien wie Ströme
in deinen Haaren.

Meine Brüste wie reife Orangen.

Mein Leib ein warmes Rohr für deine Männlichkeit.

Meine Beine und Arme seien wie Tore,
wie Häfen für deine Gewitter.

Mein Haar Baumwolle in Frucht.

Für deinen Körper sei eine Hängematte mein Körper,
mein Geist dein Gefäß,
dein tiefer Weg.

Die Menschen liebe und besinge ich

Die Menschen liebe
und besinge ich.

Ich liebe die Jungen,
aufreizende Reiter der Luft,
Bevölkerer der Flure in den Universitäten,
Rebellen, Nichtanpasser, Planer anderer Welten.
Ich liebe die Arbeiter,
diese schwitzenden braunen Giganten,
sie ziehen im Morgengrauen hinaus, Städte zu bauen.
Die Schreiner liebe ich,
die das Holz kennen wie ihre Frau
und es bearbeiten, nach seiner Art.
Ich liebe die Bauern,
die keine anderen Traktoren haben als ihre Arme,
sie reißen den Leib der Erde auf und besitzen sie.
Ich liebe, betrübt und mitleidig, die schwierigen Geschäftsleute,
die ihre Männlichkeit
in eine blutdürstige Rechenmaschine umgewandelt
und tiefe Gedanken und lebendige Gefühle
durch Berechnungen und ausbeuterische Methoden ersetzt
haben.
Die Dichter liebe ich, schöne, flammenschleudernde Engel,
die aus dem Wort neue Welten ersinnen,
die dem Lachen und dem Weinen ihre gerechte, sprichwörtliche
Bedeutung geben,
die von der Tragweite eines ruhigen Gesprächs unter Bäumen
wissen,
diese starken Dichter, die sich der Trauer aussetzen und hingehen
und alles verlassen und sterben,
damit Menschen mit aufrechtem Gang geboren werden.
Die Maler liebe ich, Farbmenschen,
die für unsere Augen die Schönheit bewahren,
und auch die anderen, die den Schrecken und Hunger malen,
damit wir uns daran erinnern.

Ich liebe die einsamen Denker,
die außerhalb von Liebe und einfachem Verstehen leben,
sie verlieren sich in unabsehbare Nachforschungen
und quälen sich Tag und Nacht vor der Sinnlosigkeit der
Antworten.

Alle liebe ich mit der Liebe der Frau, Mutter, Schwester,
mit einer Liebe, die größer ist als ich selbst,
die über mir ist und mich umgibt wie ein Ozean,
worin alles Geheimnis sich in Schaum auflöst.

Die Frauen liebe ich, angefangen bei ihrer Haut, die meine Haut
ist,
sie empören und wehren sich mit blankgezogener Feder und
Stimme,
die Frau liebe ich, die in der Nacht aufsteht und nach ihrem Kind
sieht, das weint,
die Frau, die über ein Kind weint, das für immer schläft,
die Frau, die feurig in den Bergen kämpft,
die Frau, die schlecht bezahlt in der Stadt arbeitet,
die Frau, die dick und zufrieden singt, wenn sie Tortillas bäckt
in der heißen, bauchigen Pfanne,
die Frau, die das Gewicht eines neuen Lebens trägt in ihrem
geräumigen, fruchtbaren Leib.

Alle liebe ich sie, und nenne mich glücklich, von ihrer Art zu
sein.
Ich nenne mich glücklich, zusammen mit Frauen und Männern
zu leben
hier unter diesem Himmel, auf dieser tropischen, fruchttragenden
Erde,
wellig und mit Pfanzen bewachsen.
Ich nenne mich glücklich, zu sein und geboren zu sein,
glücklich wegen meiner Lungen, die Luft herein und wieder
hinaus führen,
denn beim Atmen spüre ich, wie die ganze Welt in mich eintritt
und mich wieder verläßt und von mir etwas mitnimmt;
wegen dieser Gedichte, die ich schreibe und dann in den Wind
werfe

zur Freude der Vögel,
wegen allem was ich bin, und weil ich die Luft durcheile mit
meinem Schritt,
wegen der Blumen, die sich am Wegrand wiegen,
und wegen der Gedanken, die unzähmbar in den Köpfen auf-
einanderprallen,
wegen des Widerstands, wegen des Aufruhrs.
Ich nenne mich glücklich, denn ich bin Teil einer neuen Zeit,
denn ich habe erkannt, wie wichtig es ist, daß ich lebe,
daß du lebst, daß alle wir leben,
daß meine Hand sich mit anderen Händen verschränkt,
mein Lied sich vereint mit anderen Liedern.

Denn meine Aufgabe hab ich erkannt, Schöpfer zu sein,
Gestalterin meiner Zeit, die unsere Zeit ist,
ich will auf die Straßen gehen, aufs Land,
in die Villen und in die Hütten,
will die Trägen aufrütteln und die Tagediebe
und die, die das Leben verfluchen und die schlechten Geschäfte
und die, die vor Zahlenreihen die Sonne nicht mehr erblicken,
die Ungläubigen, die Verzweifelten, solche, die die Hoffnung
verloren haben,
solche, die lachen und singen und mit Zuversicht sprechen,
ich will sie alle ins Morgenlicht tragen,
damit sie das Leben erkennen, wie es dahinzieht
schmerzhaft, herausfordernd, schön,
das Leben, das uns erwartet nach jedem Sonnenuntergang
– letztes Zeugnis eines für immer entschwindenden Tages,
der die Zeit verläßt und niemals zurückkehrt.

Alle will ich verlocken, nach der Freude
zu greifen, die jetzt beginnt, nach einem Universum,
das nur darauf wartet, daß wir seine Türen aufstoßen
mit der Kraft unseres unaufhaltsamen Schritts.
Ich will sie dazu bringen, die Wege zu beschreiten,
auf denen unerbittlich die Geschichte vorrückt.
Weil ich sie liebe, bringe ich sie vor das neue Morgen,
daß wir alle gemeinsam schaffen, frei von Last.

Gehn wir, und daß keiner zurückbleibt!
Daß niemand faul, ängstlich, träge die Erde bewohne,
damit unsere Liebe gewaltig wie Erdbeben und Sturmfluten
werde
wie Zyklone und Hurrikane
und alles, was uns beengt, verfliege in Nichts,
während neue Männer und neue Frauen
geboren werden, aufrecht,
leuchtend,
wie Vulkane.

III

Die Orchidee aus Stahl

La orquidea de acero

Amarte en esta guerra que nos va desgastando
y enriqueciendo.
Amarte sin pensar en el minuto que se escurre
y que acerca el adiós al tiempo de los besos.
Amarte en esta guerra que peleamos, amor,
con piernas y con brazos.
Amarte con el miedo colgado a la garganta.
Amarte sin saber el día del adiós o del encuentro.
Amarte porque hoy salió el sol entre nuestros cuerpos apretados
y tuvimos una sonrisa soñolienta en la mañana.
Amarte porque pude oír tu voz
y ahora espero verte aparecer saliendo de la noche.
Amarte en toda esta incertidumbre,
sintiendo que este amor es un regalo,
una tregua entre tanto dolor y tanta bala,
un momento insereto en la batalla,
para recordar cómo necesita la piel de la caricia
en este quererte, amor,
encerrada en un triángulo de tierra.

Die Orchidee aus Stahl

Dich lieben in diesem Krieg, gleichzeitg
reibt er uns auf und bereichert er uns.
Dich lieben, nicht daran denken, wie die Zeit verrinnt,
wie über unsere Küsse der Abschied kommt.
Dich lieben in unserem eigenen Krieg
mit Beinen und mit Armen,
dich lieben mit Angst im Hals.
Dich lieben ohne Kenntnis des Tags unseres Abschieds oder des
Wiedersehns,
denn zwischen unseren verschlungen Körpern stieg heute die
Sonne auf,
unser Lächeln war schläfrig am Morgen.
Dich lieben, denn ich habe deine Stimme gehört,
und warte nun darauf, dich zu sehn, wie du aus der Nacht
auftauchst.
Dich lieben in dieser ganzen Ungewißheit,
fühlen, unsere Liebe ist ein Geschenk,
eine Pause in so viel Leid und im Kugelregen,
ein Augenblick in den Kampf eingefügt,
damit wir nicht vergessen, wie sehr die Haut Zärtlichkeit braucht,
wenn wir uns lieben, Geliebter,
eingeschlossen in einem dreieckigen Land.

Ich, die ich dich liebe

Deine ungezähmte Gazelle bin ich,
der Donner, der das Licht auf deiner Brust unterbricht.
Der ungebundene Wind in den Bergen bin ich
und der versammelte Glanz des Ocotefeuers.
Deine Nächte erhitze ich,
entfache Vulkane in meinen Händen,
deine Augen befeuchte ich mit Dampf aus meinen Kratern.
Zu dir bin ich getreten, mit Regen und Grüßen bekleidet,
lache das unveränderte Lachen der Jahre.
Unerforscht ein Weg bin ich,
Klarheit, die das Dunkel zersplittert.
Zwischen deine und meine Haut setze ich Sterne,
und gehe dich entlang,
Pfad um Pfad,
ohne Schuhe meine Liebe,
meine Furcht entblößt.
Ein Name bin ich, der erzählt, und umfange dich
von der anderen Seite des Mondes,
deinen Körper und dein Lächeln verlängere ich.
Etwas Wachsendes bin ich,
etwas Lachendes, Weinendes,
ich,
die ich dich liebe.

Wie ein Krug

In den guten Tagen, mit Regen,
als unerschöpflich
wir uns liebten,
als wir uns einander
öffneten, einer dem andern,
wie heimliche Höhlen,
in diesen Tagen, Geliebter,
wie ein Krug fing mein Körper
all das weiche Wasser auf,
das du über mich gabst,
und jetzt,
in diesen dürren Tagen,
wenn deine Abwesenheit die Haut
schmerzt und aufschürft,
fließt Wasser aus meinen Augen,
gesättigt von deinem Andenken,
und benetzt meinen trockenen Körper,
so leer und so voll von dir.

Verscheuchen wir die Zeit, Geliebter,

die es schon nicht mehr gibt, die langen
Minuten, die so schwer vorbeigehn,
wenn du nicht bei mir bist
und überall bist,
ohne da zu sein, aber da.
Du schmerzst mich im Leib,
streichelst meine Haut,
und bist nicht da,
und bist nahe,
ich fühle dich hervortreten
aus der Luft und mich anfüllen,
doch ich bin allein, Geliebter,
und dieses dich Sehn,
ohne daß du da bist,
läßt mich manchmal empfinden
wie eine verwundete Löwin,
ich krümme mich,
drehe mich um mich selbst,
suche dich,
und du bist nicht da,
und bist doch
dort
so nahe.

Ich suche dich in der Kraft der Zukunft

Ich allein, Geliebter,
und du wer weiß wo,
die Erinnerung an dich wiegt mich wie der Wind den Mais,
und ich trage dich in der Zeit,
laufe die Wege entlang,
lache Gelächter,
und wir zwei sind zusammen
wieder, nahe beim Wasser.
Und wir zwei sind zusammen
wieder, unter dem sternenbesäten
Himmel, in den Bergen, nachts.
Ich, Geliebter, kann jetzt nähen mit deinem Namen,
nähe meine Tage, Minuten, Stunden
mit deinem Buchstabenfaden zusammen.
Ich bin jetzt Töpferin von Gefäßen
zum Aufbewahren von Augenblicken.
In Gewitter habe ich mich geworfen
und Donner und weine vor Zorn, daß du nicht bei mir bist,
in Sturm habe ich mich verwandelt,
in Wind, in frisches Wasser,
und peitsche, durchnässe, schieße hervor
und suche dich in einer anderen Zeit,
die so kraftvoll ist
wie du.

Die Begegnung

Die erste Nacht beschreiben, in der ich dich sah, du standst vor der Glasscheibe des Hotels, die dich mit deiner grünen Jacke und deinem ruhigen Gesicht spiegelte, du fragtest mich etwas, als ich herauskam, und halfst mir, einen Poncho, weiß wie der Mond, überzulegen, und dann gingen wir lange Zeit durch eine fremde Stadt, die aber schon unsere war, weil wir zusammen waren, schüchtern, voll von Worten, angesammelt in dem Jahr, in dem wir uns nicht gesprochen hatten, und wir tranken einen Kaffee und dann noch einen, und während ich einen Nußkuchen aß, küßtest du mich, und ich blickte dich immer noch erschrocken an, wenn ich dich neben mir sah, und danach gingen wir weiter und nahmen ein Taxi, weil mir kalt war, und ich verriet dir, daß ich Gedichte für dich geschrieben hatte, und wir gingen in meine Wohnung, um sie zu lesen und uns zu küssen, wie zwei Hungrige, ganz allein und geschützt vor der Neugier einer ganzen Stadt voller Leute, und wir verloren uns in gierigen Umarmungen, bis oben hin voll von Dingen, die man nicht nennen kann, dafür sind die Worte noch nicht erfunden, und wir berührten einander wie jemand, der zum erstenmal das Gefühl des Berührens erfährt, und gaben uns der Liebe hin, der Liebe, der Liebe, bis wir einschliefen, bis wir aufwachten, und du gingst diesen Morgen weg und liebtest mich auf andere Weise, und ich wachte später auf und besah mich im Spiegel, um nachzusehn, ob ich wirklich diese nackte Frau sei, der man die Küsse ansah, mit wirrem Haar und im ganzen Körper glücklich, und lange glaubte ich, daß es nur ein Traum gewesen sei, bis ich dein Halstuch erblickte, das du vergessen hattest, das spiegelte sich auch im Spiegel.

Meine Liebe

ist wie ein Fluß mit viel Wasser,
ergießt sich in meinen Geliebten.
Meine Liebe schlägt Laute und Trommel
in den Bergen meines Landes,
feuert Küsse mit dem Maschinengewehr,
sie ist eine Liebe im Krieg,
mit Adios und Auf Wiedersehn,
eine Liebe mit Rauchsignalen
aus der Ferne,
eine Liebe im Rucksack verpackt,
heimlich durch Städte
und Täler zu gehen.
Sie ist eine Liebe, Siege zu besingen,
Wunden zu beklagen,
aus Niederlagen zu lernen.
Meine Liebe ist ganz zufrieden,
obwohl sie mich manchmal zum Weinen bringt,
sie ist groß wie die Hoffnung
und der Mut meines Volkes.
Sie hat den Geruch eines Hofes,
riecht nach feuchter Erde und Feld.
Meine Liebe ist wild,
brennend wie die Freiheit,
kennt keine Zeit,
sie berennt mich von innen,
zügellos und aufsässig.
Sie hat mich mit Licht erfüllt,
und ich trage sie wie ein Gewehr geschultert,
weine und lache für sie,
für diese herrliche Liebe,
klar,
wie seine Augen.

Dich bereisen

Dein Fleisch will ich schmecken,
würzig und kräftig,
anfangen mit deinen Armen
herrlich wie Äste des Ceibo;
fortfahren mit der Brust, von der meine Träume träumen,
mit der Armhöhle, worin sich mein Kopf vergräbt,
das Zarte zu ergründen,
die Brust, die tönt wie Trommeln und andauerndes Leben;
da eine lange Weile bleiben,
meine Hände verzweigen
im Strauchwäldchen, das dir schwarz und weich
unter meiner nackten Haut wächst;
fortfahren dann bis zu deinem Nabel,
bis zu dieser Mitte, wo es dich zu kitzeln beginnt,
mit Küssen, mit Bissen über dich gehen,
bis ich anlange
bei diesem Ort,
versteckt und geheim,
der sich freut bei meiner Anwesenheit,
der sich erhebt, mich zu empfangen
und auf mich zukommt
mit der ganzen Härte des erregten Mannes;
hinab zu deinen Beinen,
fest wie deine Überzeugung als Guerillero,
diese Beine, worauf dein Körper ruht,
mit denen du zu mir kommst,
mit denen du mich trägst,
die du des Nachts verschränkst mit meinen
sanften und weiblichen;
deine Füße küssen, Liebling,
die so viel laufen müssen ohne mich,
und umkehren, dich zu ersteigen,
bis ich deinen Mund an meinen sauge,
bis ich ganz angefüllt bin von deinem Speichel, deinem Atem,
bis du in mich dringst

mit der Kraft von Ebbe und Flut
und mich überwältigst mit deinem Kommen und Gehen
wie des wilden Meers,
bis wir beide ausgebreitet und heiß
auf dem Kampfplatz der Laken bleiben.

Erfinden wir unsere eigene Sprache

Geliebter,
und uns werden die Augen groß:
Dinge sehen wir dann, die niemand sah,
Wege zwischen den Wolken,
Lieder in den Weizenfeldern.
Unter die Röcke sehen wir dann dem Wind,
wie seine Lippen das Wasser küssen.
Wir gehen dann ungezwungen,
ohne Schuhe und nackt,
wie unsichtbare Geister.
Worte und Lachen malen wir dann
auf die Mauern in der Welt,
während aus unseren Körpern die Liebe strömt,
sprudelnd,
gluckernd,
plätschernd wie aus Brunnen.

Wieder gehst du,

weil die Erde eindringlich ruft,
wie ein schutzlose Frau.
Wieder gehst du, Geliebter,
denn dort
entscheidet sich das Leben von so vielen.
Dort erwarten dich die Hoffnung
und der unerbittliche Kampf,
dort sind die Sorgen
und die atemlose, fordernde Zeit,
die sich in den Fluß der Geschichte stürzt.
Geh, mein Geliebter,
mit diesen Armen, die mich umfangen,
mit dem Mund, der mich küßt,
versprühe Feuer, Geliebter,
bring Kraft unserer Erde,
der wir entstammen,
und die wir lieben.
Geh, mein Geliebter,
ich komme mit, wenn auch von ferne,
und bin dort bei dir
im Wind und im Regen,
in der Mittagshitze,
im Kandiszucker,
in Zikaden und Grillen,
in der Gefahr:
wohin du auch gehst,
ich gehe mit dir,
und zwischen der Erde
und deinem Schatten
wird eine Frau sein,
die dich berührt.

Dem Comandante Marcos

Das Krachen des Maschinengewehrs schlug uns die Tür ins
Gesicht,
deines Lebens Tür plötzlich zugefallen,
Holz bewahrt, wiegt dich im Leib der Erde.

Ich kann deinen Tod nicht glauben,
so ohne Abschied,
nur die entfernte Vorahnung jener Nacht, erinnerst du dich?
als ich vor Zorn weinte, weil ich dich schlafen sah,
denn ich kannte dich längst als Zugvogel
auf rascher Flucht vor dem Leben.

Danach,
als du gegangen warst,
als du dir packtest die Gefahr,
und ich dich sah von wütenden Hunden umstellt,
begann ich zu glauben, du seist unverwundbar.
Wie hätte ich glauben können an ein Vergehen
deines Gesichts, deiner Hände und deiner Worte,
wie glauben an ein Ende von dir, du Anfang von allem,
Funke, du erster Schuß, Überblick im Kamp,
Planung, Ruhe?

Aber da in der Zeitung stand die Nachricht,
und dein Bild blickte mich an und sah mich nicht,
das Gefühl deiner Abwesenheit war endgültig,
ohne Ausweg durchlief es mich,
ließ hinter sich die Tränengrenze,
ergoß sich in meine Adern,
brach sich in allen Gliedern.

Die Zeit wird vergehn,
größer werden dein unausmeßbarer Name, die Stunden
beladen mit deiner Haut, mit deinem stetigen Herzschlag,
mit allem, was es jetzt gar nicht gibt in meinem Kopf

und dich bringt und hinweg trägt wie Fließen und Widerfließen
von Gezeiten aus Blut,
rot vor Schmerz und Zorn wohin ich auch sehe,
und ich schreibe und kann nicht beschreiben die endlose Klage
kreisend und rund wie dein gedachtes Bild,
worin ich dein Ende nicht ausmachen kann,
nur erfühlen,
in der Kraft der Umarmung,
des Regens, flüchtender Pferde,
deinen Anfang.

Traumgewebe

Mehr nahm ich nicht wahr vom Tag,
als daß du nicht da warst,
nirgendwo bist du, und bedrängst meine Schritte, und meine
Atemzüge einer einsamen Frau.

Tage gibt es, denke ich, die zum Sterben
gemacht sind oder zum Weinen, voller Echos
und Einbildungen, Tage,
die mich erschrecken.
Mir ist dann, als ob die Vergangenheit ihre Tür aufmachte
und heute gestern sein wird,
und es sind deine Hände, deine Augen, dein Zusammensein mit
mir,
all das, was vor kurzem noch so greifbar war,
gerade noch
ein Gewebe aus Träumen.

Dein Name dröhnt in mir

Ich habe die Bäume versetzt,
die dein schaumiges Haus bewohnten,
und habe meine Tage beregnet
mit dem frühen und späten
Grün deiner Augen.

Meine Haut wurde voll Blütenstaub,
als ich die Schmetterlingsflügel entlang ging,
um Honig zu stehlen,
denn in mir ist deine Liebe erblüht
wie eine Orchidee auf einem faserigen, einsamen Strunk,
aus dem Tod geboren, sich zu entfalten
unter tausend leidenschaftlichen Tränen,
und dich liebe ich nun
in allem, was dir ähnlich ist:
im nächtlichen runden Mond,
in der ruhigen, glatten Haut der See,
in allem, was solch ungezügelte Kraft besitzt
wie deine Küsse.

Ich verwandle meine Hände in Leuchtkäfer
und mache Licht in der Nacht,
und sehe dich jedesmal, wenn ich die Augen aufschlage,
im heftigen Atem der Wolken,
wieder und wieder im Geheimnis gedämpften Stöhnens.

Liebe rinnt durch mein Haar, schwankt in der Luft,
breitet sich aus bis an alle die Horizonte,
über die wir irgendwann wanderten,
einander genießend Haut an Haut,
heiß zu heiß.

Mir ist heiß vom Umarmen, von den Tränen,
von den Beteuerungen, vom schnellen Blut.

Die Erinnerung an dich erfüllt mich ganz
und dröhnt in mir wie der Leib der Vulkane.

Angriff auf meine linke Schulter

Gehn über mein Antlitz deine Hände,
hältst es, läßt es.
Greifst meine linke Schulter an,
belagerst sie mit Pfeilen von deinen Lippen.
Greifst meine linke Schulter an
heftig und süß mit deinen Bissen.
Uns beschäftigt die Liebe
auf ihre kreisende Art,
vertreibt uns die Zeit zwischen Kuß und Kuß,
und wir sind zwei Rauchkringel,
schwimmen im Raum,
rascheln, wispern,
oder bleiben ganz sanft und schweigsam,
wollen die geheimnisvollen Poren ergründen,
sie durchstoßen mit gierigem Angriff,
die Haut wegziehn,
unsern Augen begegnen,
uns aus dem Innern des Bluts betrachten.
Wir reden in Hieroglyphen;
um mich zu entziffern brauchst du nicht mehr
als deine zarten, langsamen Hände,
entwirrst mich leicht,
streichst mich glatt wie ein frischgebügeltes Laken,
und dann schenke ich dir mein Universum,
alle die Meteoriten und Monde,
die schon um meine Träume geschwebt waren,
meine Finger, sehnsüchtig danach, die Sterne zu berühren,
die Sonnen in meinem Körper.
Von meinen Knöcheln aus fängt ein kleines Lächeln an hochzusteigen,
macht sich ans Lachen in meinen Knien,
steigt weiter und rieselt durch meine Baumrinde,
erfüllt mich mit springenden Knospen durchsichtiger Freude.
Geht aus meinen Lungen die Luft
und wohnt heiter im Nachtwind, und du

greifst wieder meine linke Schulter an,
heftig,
und süß,
mit deinen Bissen.

Was hätte ich, dir zu geben, außer dem unaufhörlichen Singen der Unruhe in meinen Adern, wie Zusammenfließen ungebändigter Flüsse?

Allein du kannst, Geliebter, besänftigen die ungebärdigen Ströme
durch mein Herz
an den Tagen deiner Abwesenheit, tief und weit wie die
Vielgestalt der Erde,
denn ich gehe umher und suche dich in den Augen der
Menschen,
suche dich im Gesang der Grillen, in den Glühwürmchen,
suche außerhalb meiner das Bild,
das mein Körper umschließt.

Ich schreibe dir, Sergio,

unter dem einsamen, sonnverbrannten,
nackten Mittag,
während der Wind schlägt,
liege eingerollt
wie eine Katze im Bett,
in dem ich dich liebte heute nacht und du mich,
mit Atemholen, lachend, unbegreiflich.

Weit zurück bleibt die Welt,
die ich ohne dich kannte,
und ein Haus entsteht aus Worten und Küssen,
ein Haus, das vor Angst und Erwartung zittert,
in dem ich manchmal pfeife und singe,
manchmal zusammenschrecke;
ich mache die Augen auf und werde ruhig,
und denke an die Honigwabe,
die wir auskundschaften
wie einen schönen, hypnotischen Irrgarten,
in dem uns weder weiße Steinchen,
noch ein magischer Faden
den Rückweg zeigen.

»Wenn ich schon nichts mehr will,
und fast gar nichts erwarte,
und kaum noch etwas tun kann,
liebe ich dich am meisten.«

José Coronel Urtecho

Die Gedanken an dich verweben sich mit meiner Umgebung zu einer Decke, wie gegen die Kälte, glänzen auf meinem Körper in der feuchten nachmittäglichen Ruhe, ich schreibe dir und kann nichts anderes tun als an dich denken und heimlich deinen Namen sprechen, innen im Mund, ihn zwischen den Zähnen bewegen und darauf kauen, bis die Buchstaben aufgebraucht sind, bis so viel von deinem Namen aufgebraucht ist, daß ich ihn wiederbeleben kann, mich mit deiner Stimme und deinen Augen einlullen, mich selbst einwiegen in diese Stunden ohne Zeit, in denen ich nach dir verlange und jede Minute liebe, eingeprägt in meiner Erinnerung für immer.

Lang ist der Nachmittag,
wie der gewundene Weg in dein Haus,
das ich mit schweren Gliedern verlasse
auf dem Weg in mein leeres Bett,
und beim Einschlafen riecht meine Haut nach dir,
mit deinem Schatten schlafe ich ein.

Lang ist der Nachmittag,
die Liebe rund wie ein Pistolenabzug,
sie läuft mich von vorne, von der Seite an, überall,
meine Schultern umgreift der Traum
und bringt mich wieder zu dir,
zu deiner Armkuhle,
zum Weitermachen
ohne Ende mit der Kissenschlacht,
die fangen wir an und lachen
mit neuer Kraft über die Müdigkeit.

Jetzt will ich in Träume tauchen,
auf Wiedersehen sagen bis gleich,
und in dir mich verlieren,
so wie du in mir schon verloren bist,
mit deinen schweigenden
ruhig geschlossenen Wimpern.

Du bist schön so,
wie ein verlorenes, an allem unschuldiges Kind.
Du siehst aus, als ob du immer nur schlafen solltest,
und nur ich weiß von deiner geduckten Kraft –
die hat über meine Liebe
Ausgangssperre verhängt.

Heiraten wir jetzt, während es regnet.
Du und ich und die Erde feiern gemeinsam das frische Grün
unserer Körper, die sinnlichen Blumen,
den Blütenstaub unseres Lachens
und alle die Sterne,
die sich in Regentropfen verirrten.
Lassen wir unsere Liebe naßregnen
und schauen wir zu, wie sie wächst
im Rhythmus der Pflanzen.
Versammeln wir die Wolken
und machen wir Donner,
bringen wir die Erde und das Wasser zusammen.
Heiraten wir unter geschlossenem Himmel,
wenn die Dächer sich anhören
wie Maschinengewehrfeuer,
und aus dem Garten
der Gesang der Frösche
wie ein Schwarm fliegender Ameisen steigt.
Heiraten wir ohne Schirm, Geliebter,
den Kopf unbedeckt,
in einem regennassen Hof,
wo es nach Erde riecht,
die Kleider durchweicht,
ohne anderen Durst als den des einen für den anderen.
Mit vereinter Anstrengung
rufen wir das Gewitter
das alles wäscht,
wie der Regen, Geliebter, wenn wir heiraten.

Feucht und pflanzlich
erwacht der Morgen,
steigt noch nicht auf aus dem nächtlichen Regen,
läßt weiter den Mantel benetzen.

Benommen erhebe ich mich,
eben noch spürte ich deinen Körper
warm und deine Umarmung nahe an meinem Traum.

Ganz durchtränkt hat dein Atmen
mich, meinen Leib, wie deine strotzende Liebe.
Du grubst Zeichen in meine Haut,
nicht zu verwischen von Wind noch Wasser,
außer mein Name verschwömme, verlöre Farbe und Leben.

Mitten auf meinem Strand voll Muscheln und Schnecken bist du
ein Fels,
von nun an tönen die Wellen neu,
rollen mit anmutigem Lied
befriedigt an meinen Körper.

Ich schreibe die Geschichte meines Körpers unter deinen Händen:

Neu entstand er mir wie einer frisch gehäuteten Schlange. Blühte auf in der Sonne und bedeckte sich vor deinen Augen und meinen erstaunten mit Blumen, Begonien, Kometen. Mein Körper, wenn deine Arme ihn umfassen, wird zu einem Pferd, einer Stute, rennt los im Galopp aus Freude an einem Kuß. Er überzieht sich mit Efeu, klettert an den Wänden deines Herzens empor, umfängt es mit Raunen geradewegs aus den Eingeweiden der Erde. Mein Körper voll unerwarteter Klüfte bricht die Nacht auf wie das Lied der Gitarre in den Bergen, entzündet wie Glühwürmchen die Dunkelheit mit seinem Leuchten. Er verliert sich in dir mit der Hingebung eines vernachlässigten Kindes. Macht seine Fenster weit auf, deine drängenden Liebkosungen zu empfangen. Denken verwandelt sich in geflügelte Libellen, die den Wald wecken und sein Ästeknacken. Mein Körper wird zum unerforschten Stern, auf dem dein Körper sein Raumschiff niederläßt; er brodelt mit der Energie eines neuen Kontinents, nach Katastrophen aufgeworfen, ohne Namen, ohne Geschichte.

Mein Körper muß dich schon immer geliebt, schon immer begehrt haben.

Er entblößt sich, offenbart seine Geheimnisse wie eine Höhle, die nur auf dein Wort gewartet hat, sich aufzutun, für den Zauber deines Lächelns, deines Naheseins, für dich, der du den verborgenen Schlüssel schon länger hast als Erinnerung.

Monimbó

Anders als unter Tränen
kann ich dies Gedicht nicht schreiben,
nur erahnen die Worte,
hilflos im großen Schmerz,
        Summe so vieler Leiden,
        Chor so vieler Schreie,
        Staub der Straßen.

So, verloren,
seh ich das Kind an der Straßenecke,
niedergekniet vor einem hölzernen Kreuz,
das Gesicht in ein weißes Tuch geborgen,
gewaltig in seiner Trauer, Waise.

        Sein Vater ist tot:
            600 Mann,
            2 Panzer, 3 Panzerwagen,
            5 Maschinengewehre Kaliber 50
            Hubschrauber und bewaffnete Flugzeuge.

        Und sein Vater:
            vielleicht eine Pistole,
            eine Handbombe,
            eine angespitzte Gitterstange.

Die rohe Gewalt gegen den Mut.
Gewalt der Barbaren, Impotenten, der Kastrierten,
die nur mit dem Finger am Abzug Mann sein können.
Nimm ihnen den Panzer, das Gewehr weg,
und sieh wie ihnen der Sack fehlt,
wie sie nie einen gehabt haben,
leer sind sie,

        stich sie an und sieh wie die Luft rausgeht,
        sie sind aufgeblasen mit dreckigem, faulen Gestank.

Dort ermordeten sie auch Camilo, Arnoldo, Moisés,
die zusammen mit dem Volk kämpften,
und nicht davon redeten, für das Vaterland zu sterben,
weil, wie Leonel Rugama schrieb, »die Kämpfer nicht davon reden
für das Vaterland zu sterben, sondern sterben«.

Die Trommler von Monimbó schlagen zum Schlag des Herzens,
Masken verbergen Tränen und Wut,
denn das kennen Bestien nicht:
die scharfe Kraft der Qual,
das Salz in den brennenden Wunden,
all das was im Leiden wächst,
weil die Furcht immer mehr an Bedeutung verliert,
bis sie sich in Verachtung und Kühnheit verwandelt.

und holten die Toten und die Verwundeten und
verbrannten sie gemeinsam ohne Unterschied,
und einem Kind hackten sie die Hände ab, weil
es nicht sagen wollte, wo sein Vater war,
einem Jungen von 12 Jahren schnitten sie die
Zunge heraus, denn er rief: Viva Sandino!

Und Sally Shelton vom Außenministerium der USA sagt, daß
es soviele Tote nicht waren,
um von einer Verletzung der Menschenrechte in Nicaragua
sprechen zu können.

Und da fragt das Volk: wieviele Tote sind nötig für eine
Verletzung der Menschenrechte?
Wieviele Leichen müssen wir ansammeln?

Die Wahrheit ist, daß uns nichts angeht, was von solchen
Menschen gesagt wird,
es hat uns Leben gekostet, ihre Sprache verstehen zu lernen.

Ganz Monimbó ist eingeebnet.

Eine Empfindung, wie wenn sie es leergemacht hätten,
oder, wie groß die Trauer ist,
und wir wie klein, sie zu ertragen.

Die alte Frau mit ihren Tonkrügen ist ohnmächtig,
das Haus ohne Wände,
und ihre Freundin, hinter ihr, die sie hält,
braun und runzlig, weinend.

Es ist Nacht in Monimbó
»Die Guardia Nacional übt die vollständige Kontrolle über das
ganze Gebiet aus«

doch plötzlich Schüsse
Trommeln von weit
Blut erregt sich

Monimbó gibt nicht auf.

Und: wenn die in Monimbó es schafften, warum die in
Subtiava nicht?

Es wird weitergehn, das wissen alle,
das wissen der Diktator und seine Komplizen
seine Werbeagentur in New York
und seine bezahlten Schläger
seine Häscher und Knebler
das wissen alle Blutbefleckten

Weitergehen
Es ist ein ganzes Volk das weitergehen will,
das mit einem Mal weitergehen will
um Schluß zu machen.

IV

Eva
verweist auf die Äpfel

Eva advierte sóbre las manzanas

»Allí te quedo en el pecho,
por muchos años me goces«
Carlos Martínez Rivas

Con poderes de Dios
– centauro omnipotente –
me sacaste de la costilla curva de mi mundo
lanzándome a buscar tu prometida tierra,
la primera estación del paraíso.

Todo dejé atrás.
No oí lamentos, ni recomendaciones
porque en todo el Universo de mi ceguera
sólo vos brillabas
recortado sol en la oscuridad.

Y así,
Eva de nuevo,
comí la manzana;
quise construir casa y que la habitáramos,
tener hijos para multiplicar nuestro estrenado territorio.
Pero, después,
sólo estuvieron en vos
las cacerías, los leones,
el elogio a la soledad
y el hosco despertar.

Para mí solamente los regresos de prisa,
tu goce de mi cuerpo,
el descargue repentino de ternura
y luego,
una y otra vez, la huida
tijereteando mi sueño,
llenando de lágrimas la copa de miel
tenazmente ofrecida.

Me desgasté como piedra de rio.
Tantas veces pasaste por encima de mis murmullos,
de mis gritos,
abandonándome en la selva de tus confusiones
sin lámpara, ni piedras para hacer fuego y calentarme,
o adivinar el rumbo de tu sombra.

Por eso un día,
ví por última vez
tu figura recostada en el rojo fondo de la habitación
donde conocí más furia que ternura
y te dije adiós
desde el caliente fondo de mis entrañas,
desde el río de lava de mi corazón.

No me llevé nada
porque nada de lo tuyo me pertenecía
– nunca me hiciste dueña de tus cosas –
y saliste de mí
como salen – de pronto –
desparramados, tristes,
los árboles convertidos en trozas,
muertos ya,
pulpa para el recuerdo,
material para entretejer versos.

Fuiste mi Dios
y como Adán, también,
me preñaste de frutas y malinches,
de poemas y cogollos,
racimos de inexplicables desconciertos.

Para nunca jamás
esta Eva verá espejismos de paraíso
o mordeŕa manzanas dulces y peligrosas,
orgullosas
soberbias,
inadecuadas
para el amor.

Eva verweist auf die Äpfel

»Dort bleibe ich dir in der Brust,
du wirst dich an mir freuen viele Jahre.«
Carlos Martínez Rivas

Mit der Kraft Gottes
– allmächtiger Centaur –
hast du mich aus der gekrümmten Rippe meiner Welt geholt,
auf die Suche nach deinem verheißenen Land gestoßen,
der ersten Station des Paradieses.

Alles ließ ich zurück,
ich hörte nicht auf Jammern, nicht auf Rat.
Im ganzen Universum meiner Blindheit
hast nur du gestrahlt,
du Sonne in Dunkel geschnitten.

Und so,
wieder Eva,
aß ich den Apfel.
Wollte ein Haus bauen, und daß wir darin wohnten,
Kinder hätten, unser neues Reich zu erweitern.
Aber dann
waren in dir bloß Jagden, Löwen,
der Wunsch nach Alleinsein
und mürrisches Aufwachen.
Für mich gab es nur eiliges Zurückkommen,
deine Lust an meinem Körper,
einen plötzlichen Ausbruch von Zärtlichkeit.
Später
zerriß mir immer und immer wieder
dein Flüchten den Schlaf,
und füllte das Honigglas,
das ich dir hartnäckig anbot,
mit Tränen.

Ich nutzte mich ab wie ein Flußkiesel.
Immer wieder hast du mein Flüstern überhört,
meine Schreie,
mich im Dickicht deiner Verwirrungen allein gelassen,
ohne Licht, ohne Zündsteine für Feuer, mich daran zu wärmen
oder die Richtung deines Schattens zu ahnen.

Und so eines Tags
sah ich zum letzten Mal
deine Gestalt zurückgelehnt im roten Grund des Zimmers,
wo ich mehr Raserei als Zärtlichkeit erfuhr,
und ich sagte dir Adios
aus der heißen Tiefe meines Leibs heraus,
aus dem Lavafluß meines Herzens.

Ich nahm nichts mit,
weil nichts von dir mir gehörte
– du hast mir nie etwas anvertraut –
und du warst weg aus mir,
so wie Bäume plötzlich weg sind
auf breiter Fläche, leer,
in Stümpfe verwandelt,
schon tot,
Stoff für die Erinnerung,
Material, um Verse daraus zu knüpfen.

Du warst mein Gott,
und wie Adam
hast auch du mich schwanger gemacht mit Früchten und
Malinchesamen,
mit Gedichten und Blütenherzen,
mit Trauben unerklärlicher Mißhelligkeiten.

Niemals wieder
wird diese Eva sich nach Trugbildern aus dem Paradies umsehen
oder in süße, gefährliche Äpfel beißen,
stolze,
anmaßende Äpfel,
ungeeignet
für die Liebe.

Spielregeln für Männer, die mich lieben wollen

1. Mich zu lieben, muß ein Mann
von meiner Haut den Vorhang wegziehen,
bis auf den Grund meiner Augen sehen
und erkennen, daß in mir nistet
die durchsichtige Schwalbe Zärtlichkeit.

2. Mich zu lieben, darf ein Mann
mich nicht wie ein Ware besitzen wollen,
mich nicht vorführen wie ein Jagdtrophäe;
er wird an meiner Seite stehen
mit der gleichen Liebe,
wie ich an der seinen.

3. Mich zu lieben, muß die Liebe
eines Mannes stark sein wie Ceibobäume,
so schützend und sicher
und klar wie ein Dezembermorgen.

4. Mich zu lieben, darf ein Mann
meinem Lächeln nicht mißtrauen,
mein volles Haar nicht fürchten,
er soll Trauer und Schweigen achten
und auf meinem Leib mit Liebkosungen spielen,
wie auf einer Gitarre, Melodien
und Freude aus der Tiefe meines Körpers locken.

5. Mich zu lieben, muß ein Mann
in mir das Bett für die Last seiner Sorgen sehen,
eine Freundin, mit der er seine Geheimnisse teilen kann,
einen See, in dem er treibt
ohne Angst, daß ein Anker von Verpflichtungen
ihn am Fliegen hindert, wenn er Lust hat, ein Vogel zu sein.

6. Mich zu lieben, muß ein Mann
Poesie aus seinem Leben machen,
jeden Tag neu gestalten
mit dem Blick in die Zukunft.

7. Mich zu lieben aber muß ein Mann
vor allem mein Volk lieben,
nicht als abstrakten Begriff
aus dem Ärmel gezogen,
sondern als etwas Wirkliches, Greifbares,
dem er mit seinen Handlungen Ehre macht
und sein Leben gibt, wenn es notwendig ist.

8. Mich zu lieben, muß ein Mann
mein Gesicht im Schützengraben erkennen,
mich lieben mit dem Gewehr im Anschlag,
wenn wir beide gemeinsam
auf den Feind zielen.

9. Die Liebe meines Mannes
scheut nicht, sich hinzugeben,
noch fürchtet sie, auf einem belebten Platz
sich im Zauber des Verliebtseins zu entdecken.
Er kann laut rufen: Ich liebe dich,
oder Anschläge an die Häuser kleben,
die sein Recht auf das herrlichste
und menschlichste aller Gefühle proklamieren.

10. Die Liebe meines Mannes
flieht nicht vor der Erscheinung des Todes
und nicht vor Kinderwindeln,
wie ein frischer Wind ist sie,
der in Wolken aus Traum und Zeit
die Hemmnisse davonträgt, die uns über Jahrhunderte
trennten
wie verschiedenartige Wesen.

11. Die Liebe meines Mannes
will mich nicht festlegen, nicht einordnen,
sie gibt mir Luft, Nahrung, Raum,
zu wachsen und reicher zu werden,
so wie jeder Tag
eine Revolution
entfaltet.

Alles für die Liebe

So viel habe ich für dich getan,
ich muß aufpassen,
daß eine Aufzählung nicht nach Eigenlob klingt,
denn alles tat ich aus Liebe.

Und wenn du mir eines Tags
die Büchse der Pandora in die Hand gabst,
und ich Blitze und Stürme entfesselte,
so ist es wahr, daß sie weh taten:
manches Mal haben sie mir an der Haut gezerrt,
ließen mich ängstlich auf meinen Herzschlag hören,
ob sein kleiner Soldatentritt noch vernehmbar sei.

Dennoch war es meine eigene, selbständige Entscheidung,
meine Verdammnis, meine Lust,
ich habe mich mehr als Frau gefühlt,
fähig zu Höhenflügen und Akrobatik,
zur Sturheit der Eselin;
auf unbekannte Wege trieben sie mich,
wo der ganz nahe Geruch des Glücks mich schwindlig machte.
Und ich habe dich hinter Gebärden und Türen gesucht,
bis in die Art hinein, deine Kleider abzulegen,
und erkannte dich
und habe alles in mir aufgemacht
wie einen Käfig voller Nachtigallen,
und wußte auf einmal, was es heißt,
eine blendende Sonne im Leib zu spüren.

Ich möchte mich also nicht täuschen mit Eigenlob,
für Sonne und Schatten bin ich allein verantwortlich,
doch ach, Geliebter, wie sehr quält es mich,
daß ich zwar in deinem Weltall
ein schweifender Stern bin,
grausam von dir in den Raum gehängt,
daß du mich aber nicht bewohnt hast,

mein Licht nicht besessen,
und dich kaum traust,
wie ein Blinder,
mich im Dunkeln zu betasten.

Wie eine Katze auf dem Rücken

Ich liebe dich wie eine Katze, die auf dem Rücken liegt,
den Bauch nach oben liebe ich dich.
Ich miaue unter deinem Blick,
diesem grausamen Liebeskäfig,
von Tatzenhieben erhitzt
wie eine Mondnacht,
wenn zwei Katzen ihre Liebe auf den Dächern austragen,
sich mit Kreischen und Schreien lieben,
mit Verwünschungen lieben, mit Tränen, Lachen
(von der Art, die den Körper freudig erzittern läßt).

Ich liebe dich wie eine Katze mit dem Bauch nach oben,
will nicht aufgeben,
nicht ablassen von diesem nächtlichen
Handgemenge ohne Worte,
von dieser Liebe, die mich schwindlig macht,
mit Pollen anfüllt, mit Fruchtbarkeit,
die mir tagsüber
prickelnd über den Rücken läuft.

Ich gehe nicht weg, will nicht gehn, dich nicht gehen lassen,
geduckt suche ich nach dir, schnurrend,
ich suche dich, wenn ich hinter dem Sofa auftauche,
auf dein Bett springe,
dir mit dem Schwanz über die Augen streiche,
ich suche dich, wenn ich mich auf dem Teppich strecke
und mir die Brille aufsetze, lese,
Kochbücher,
damit ich an mich halte und das Haus führen kann,
den Tisch decken,
die Zimmer richten,
dich lieben ohne Unordnung und Staub,
dich organisiert lieben,
Ordnung in dies Durcheinander
aus Revolution und Arbeit und Liebe bringen,

gelegen und ungelegen,
nachts, bei Tagesanbruch, im Bad,
wenn wir lachen wie zahme Katzen,
wie alte Katzen
uns in der Sofaecke über das Gesicht lecken,
müde vom Zeitunglesen.

Ich liebe dich wie eine dankbare,
dicke und verwöhnte Katze,
ich liebe dich wie eine weinerliche,
dünne, gescheuchte Katze,
ich liebe dich wie eine Katze, mein Liebling,
wie die Katze Gioconda,
wie eine Frau
liebe ich dich.

Dies ist Liebe

»Dies ist Liebe, das weiß, wer es erfuhr.«
Lope de Vega

Dem Kopf widerstrebt, das Schöne zu vergessen,
hartnäckig hält er daran fest, vergißt das Schmerzliche,
als ob Schönheit es magisch auflöse.

Ich erinnere mich nicht mehr an diese Vorträge
über meine schwachen Arme, sie umspannten
gerade deine Taille, ich erinnere mich
an die helle, genaue, weiche Durchsichtigkeit deiner Hände,
an deine Worte auf einem Stück Papier dort hinten,
an das Gefühl von Süße in den Morgenstunden.

Das Prosaische wird schön,
wenn es die Liebe mit Phönixflügeln berührt,
Asche meiner Zigarette, Rauch
nach dem Lieben, gemeinsamer Rauch,
der ohne Sprechen langsam aus dem Mund quillt,
wissend, was des einen ist, ist des andern,
wenn zwei sich zugehören.

Ich verstehe dich nicht, ich möchte dich hassen,
möchte nicht so wie jetzt
das Brennen der Tränen in meinen Augen spüren, nach langer
Zeit
endlich der Leere abgerungen, dem Überdruß nichtssagender
Tage,
so unvergänglich durch das Echo deines Lachens,
und ich liebe dich,
apokalyptisches Ungeheuer aus der Bibel meiner Tage,
und weine dir nach und habe gleichzeitig
Lust, alles zu hassen, was mich einmal eine Blume

im wiedergefundenen Paradies sein ließ,
wo das vollkommene Glück möglich war.
Ich fühle dich schmerzhaft im Körper, der so empfindlich
und trocken ohne Liebkosungen ist,
monatelang schon Geräuschen ausgesetzt
von Küssen, geraunten Worten, Lachen zur Badestunde.
Ich sehne mich mit der Gier der Wüstenpflanze nach dir
und weiß, daß du nicht kommst
und niemals kommen wirst,
und wenn du kommst, werde ich schwach sein, und das wäre
nicht gut,
doch ich will nicht zu einem tarpeyischen Felsen werden,
keine Frau aus Sparta, die ihre verletzte Liebe tötet, um zu leben,
ich verstecke und bewahre dich im Dunkeln
und in den schwarzen Buchstaben meiner Manuskripte,
wie Lavaflüsse in die blaßblauen Linien des Schreibhefts
gezwängt,
und werde daran erinnert, daß eine Linie gerade ist,
die Welt aber gebogen,
wie meine Hüftlinie.

Ich liebe dich und schreie es dir zu, wo immer du bist,
taub wie du bist,
taub für das einzige Wort, daß dich herausholt
aus deiner selbstgeschaffenen Hölle, blinder
Zerstörer deiner eigentlichen,
unterdrückten Zärtlichkeit.
Ich kenne sie, und daß ich sie kenne,
dem kannst du nicht ausweichen.

Ich weiß auch, daß meinen Durst nur dein Wasser stillt,
niemand kann mir zu trinken geben,
weder Liebe, noch Leidenschaft, noch einen blühenden Zweig,
ohne daß ich ihn haßte, weil er dir ähnlich sein will.
Und ich möchte nichts wissen von anderen Stimmen,
so sehr ich auch Zuneigung
und lange, verständnisvolle Gespräche brauche,
denn du allein hast den Schlüssel zum Geheimnis meiner Worte,

und offenbar du allein bestimmst
über die Sonne, den Mond und das Universum meiner Freuden.

Darum strenge ich mich an, dich zu hassen,
aber es gelingt mir nicht,
ich weiß auch, daß ich dich niemals hassen werde,
du hast mich aus deinem Kräutersack verhext,
mit Erinnerung, Witz,
langem Schweigen,
und hältst mich in deinen quecksilbrigen Händen gefangen,
und ich löse mich auf in Venus unter Stürmen von Laub,
großen Ästen, feucht wie triefende Hohlwege
und Ozon der Erde, wenn sie den nahen Regen ahnt,
und doch weiß, daß es keine Wolken mehr gibt,
keine Verdunstung,
keine Flüsse,
daß die Welt vertrocknet ist,
niemals regnet es wieder,
keinen Schnee wird es geben, keine Kälte, kein Paradies,
worin irgendein Vogel
die Stille der Trauer
stört.

Kriegsgesang

Krieg kommt, Geliebter,
doch das Lied hört nicht auf im Kampf,
Poesie wird geboren
aus der dunklen Höhlung der Gewehre.

Krieg kommt, Geliebter,
und wir verlieren uns in Schützengräben,
schneiden Zukunft in die Berghänge unseres Landes,
mit Feuer und Mut
verwehren wir den Barbarenhorden,
sich zu holen,
was wir sind und lieben.

Krieg kommt, Geliebter,
und ich hülle mich in deinen unbesiegbaren Schatten,
verteidige wie eine Löwin
das Land meiner Kinder,
denn niemand soll unseren Sieg aufhalten,
wir sind mit Zukunft
bis an die Zähne bewaffnet.

Auch wenn wir uns nicht mehr wiedersehen,
wenn auch Erinnerung sterben kann,
bei deinem Leben schwöre ich dir,
schwöre, Nicaragua
wie ein Kind an die Brust gedrückt:

Sie kommen nicht durch, Geliebter,
wir besiegen sie!

Träumen, um träumend aufzuwachen

»Wer ist das, der durch die Himmel läuft mit einem
wehenden Schal aus Sternen, und unsere Erde und
Sonne umkreisen wie Bienen sein blühendes Herz?
Seine Füße gehen in den Winden, dort, wo der Raum
tief ist.
Seine Augen sind verschleiert, verschwommen, er fliegt
in der Nacht und sucht eine ferne Geliebte.«
James Oppenheim

Wenn mir schon nichts bleibt außer Träumen,
und das Warten mir vorkommt wie ein Strand, der kein Ende
nimmt,
hebe ich die Nacht auf, den Übergang zur
Morgendämmerung,
und gebe mich Träumen hin,
wie eine dahintreibende Tänzerin, ohne Schleier,
nackt, nichts soll mich behindern,
damit der Himmel mich sehe, wie ich bin,
und die Sterne entscheiden,
welchen Planeten sie mir als Wohnsitz zuweisen,
in welche Revolution sie mich aussäen,
die muß es auch in der Galaxis geben,
alles ist in ständiger Bewegung.
Sie werden mich mit dem Weinen fruchtbar machen,
das meine Augen verströmen,
mit meinem Schweiß, meinen Ausscheidungen,
mit allem, was von mir ist, weil ich lebe und funktioniere,
denn was mein Körper macht oder verbraucht,
hat seine Ursache und ist schön.

Dort in der Leere des Raums
still, verwirrend, bedrohlich,
so wie hier, wo ich mich jetzt befinde,
muß ich ihm begegnen, ihn sehen, berühren.

Vom Asteroiden B-612 aus werde ich
ihn wie einen Nebel entstehen sehen,
Beine, Hände, Lippen, Sprache,
Augen, die mich sehen, wie mich noch niemand gesehen hat,
bis auf den Grund, ohne Angst, ohne Vorurteile.
Ich werde spüren, daß er um mich ist, mich hält,
er verwahrt meine Gedichte und liest und mag sie,
er schweigt und ist Geheimnis
oder durchsichtig, er läßt sich betrachten,
mich sehen, wie sein Blut fließt, sein Gehirn arbeitet,
er liebt mich mit dem Feuer, das Sonnen haben,
zusammen gehen wir durch Meteoritenregen,
und er nimmt mich bei der Hand
auf endlosen Spaziergängen durch die Plejaden,
die Ringe des Saturn, die Jupitermonde,
und wir stillen unseren Durst auf das Universum.

Danach,
ich weiß es,
werde ich wieder von unserem Mond zu träumen anfangen,
von der Erde,
von einem bestimmten Land
im Zentrum eines großen Erdteils,
und werde anfangen, die Sonne in den Bäumen zu beschreiben,
die Hitze, den Wald,
Vogelgezwitscher,
die wunderbaren Stimmen der Menschen.
Ich werde für ihn Gesänge mit Donner machen,
von schwieligen Händen berichten,
vom Kämpfen, vom Sieg,
und davon, was der Sieg uns gekostet hat, was wir leiden mußten,
was wir erreicht haben, arbeiten, schaffen.

Ich werde das bohrende Heimweh nach feuchter Erde haben,
an Dinge denken, die ich zu tun unterließ,
als ich in Träume gekleidet Planeten erforschte,
und wir nützen die Konjunktion der Sterne aus
und kehren zusammen zurück.

Recht hast du, wird er mir sagen,
dieses Land ist herrlich,
meine Vulkane wie die einer Frau mit verschobenen Brüsten
über die Landschaft gebreitet,
die Seen, die Fahnen, das Lächeln,
und wird sagen:
arbeite, Frau, arbeite,
arbeiten wir beide,
damit der Traum gerade hier wirklich werde,
an diesem Ort.

Wofür andere Welten,
andere Konstellationen?
Hier müssen wir wach bleiben,
mitten auf diesem
neugeborenen, bedrohten
Stern.

Gefahren des Sommers

Dieser Sommer nimmt mit sich fort, was wir gewesen sind.

Jeden Tag erwache ich
und schmiege mich an deinen Rücken,
berühre dich,
wie um sicher zu gehn, daß dich das Wasser nicht
fortgeschwemmt hat,
lächle und frage mich, ob morgen, ob bald,
ob eines schönen Tages
nicht Regentropfen zu Tränen werden,
und die Feuchtigkeit bis ins Haus dringt
und der Regen nicht Möbeln Regalen Vorhängen
die Farben auswäscht,
und wir alle naß werden zwischen Händeschütteln und
Verabschieden.

Deshalb sauge ich morgens alles Licht
in meine Lungen, öffne alle Türen,
male das Gelächter gelb an im Haus,
setze die Sonnenblumen in Schwung,
hefte mir die Sonne zwischen die Brüste
und mache mich auf, dich zu berühren, dir zu schreiben,
zu erklären, daß kein, nie ein Sturzbach meine Liebe fortreißen
kann,
kein Wolkenbruch, kein Unwetter, kein Wirbelwind
deinen Namen von meiner Haut löscht,
deiner langen Tage Honig.

Hilf mir zu glauben, daß wir nicht die letzten Bewohner der Erde sind

Mein Wunsch an dich, Lieber,
ist wie der Wind in den Hügeln von Waslala,
geht ohne Unterlaß,
kommt immer zurück.

Vor Trauer weine ich,
vor Liebe weine ich,
ich bin eingesperrt in den Nächten
wie ein Tiger im Käfig,
wenn ich dich reden höre
neben mir auf dem Kopfkissen.

Was werde ich für dich sein, Lieber,
in dieser Walzmühle,
die unsere Erscheinung nicht aufrecht stehen läßt,
in dieser Zeit, in der alles
lebendiger ist, weil der Tod nahe;
ich umarme dich,
wenn auch Wolfsrudel
uns einkreisen,
das Glitzern der Sterne schwankt,
Liebe bleibt trotzdem wahr, Schönheit,
die transzendentalen Werte der Geschichte,
der Glaube, daß zwar im atomaren Irrsinn
alles zugrunde gehen kann,
die Kraft des Lebens sich jedoch erneuert
in der ständigen Bewegung der Materie,
wenn unsere Körper schon nicht mehr sein,
diese Lieder
im Rauch der Hekatombe aufgehen werden.

Deshalb, mehr als zuvor, Lieber,
fühle ich, wie die Uhr tickt,
wie der Augenblick aus den Fingern tropft,

erwarte bedrückt
den unausbleiblichen Orkan.

Darum will ich meine Gedichte hochhalten,
einen Bereich des Glücks
gegen Wind und Wellen setzen,
darauf vertrauen, daß nicht alles vergehen kann,
das Antlitz von Saslaya,
rote Blüten,
daß wir nicht die letzten Bewohner der Erde sein werden:
Eher versinke,
aber ohne uns huckepack,
das Imperium.

Träumen von Aladins Wunderlampe

Ich glaube, ich sterbe
vor Liebe und Verlangen nach dir,
wunderbarer Geist:

Wo ist meine Wunderlampe,
wo die Kraft, sie zu reiben,
damit du in meiner Mitte erscheinst,
angetan mit Donner und Regenbogen?

Wo ist die magische Anrufung,
wo der Zyklon, der meine Verwünschungen tilgt,
die Zeiträume zwischen unseren Schatten?

Ich reibe mein Herz,
um dich unversehrt zu mir zu bringen,
so wie du bist,
wie ich dich liebe,
mit all deinen geliebten Worten,
deinem Zorn, deinem beunruhigenden Schweigen,
mit der Süße,
die mir wie eine unerschöpfliche Honigwabe erschien,
bis ich übersättigt vor Freude weinte
über deinem schlafenden Schatten
auf dem nächtlichen Kissen.

Liebe rund und endgültig wie die Krümmung der Erde,
laß meinen Strand der Schiffe und Schiffbrüche,
laß die tönenden Muscheln nicht im Stich, die von unserer
Leidenschaft widerhallen,
nicht die Zärtlichkeit, wenn sie über den Sand leckt
und das Stacheltier vertreibt, das uns stören will
beim Bau unseres Algenhauses;
du, Geliebter, der du Sümpfe kennst
und Wälder und Tode,
wende nicht deinen Schritt ab

von der dunklen Einsamkeit,
meinem Schreien unerreichbar.

Ich werde weiche Teppiche ausbreiten,
damit du angenehm gehen kannst,
werde durch Jahre und ganze Jahrhunderte hindurch
in einem beliebigen Haus über den Bäumen darauf warten,
daß du die Karten entzifferst,
die Spur verwischst,
und wieder ihn singst, den Sturm,
der mich in Schlaf wiegte in den Nächten.

In der schmerzhaften Einsamkeit des Sonntags

Hier nackt
liege ich auf dem einsamen
Laken meines Betts
und begehre dich.

Sehe meinen Leib
rosa und glatt im Spiegel,
meinen Leib,
der ein gieriger Boden für deine Küsse war,
dieser Leib satt von Erinnerung
an deine überschäumende Leidenschaft,
auf dem du in langen Nächten
schweißtreibende Gefechte ausgetragen hast,
unter Stöhnen und Lachen
und Geräuschen
aus meinen inneren Gewölben.

Sehe meine Brüste,
die du lächelnd in deine Hand gepackt,
wie kleine Vögel in deinem Käfig
aus fünf Gitterstäben gehalten hast,
während mir eine Blume wuchs,
und ihre harte Knospe
gegen deine zarte Haut drängte.

Sehe meine Beine,
lange, bedächtige Genießer deiner Liebkosungen,
die bald aufgeregt in ihren Gelenken kreisten,
um dir den Weg zur Wollust zu öffnen,
gerade zu meinem Zentrum,
zum weichen Gebüsch auf dem Hügel,
wo du genußsüchtig einen stummen Kampf anfingst,
eingeleitet von Gewehrsaalven
und urtümlichem Donner.

Ich sehe und sehe nicht,
dein Spiegelbild liegt schmerzhaft
auf dieser Einsamkeit des Sonntags,
ein rosa Spiegel,
eine Hohlform, die nach Ausfüllung verlangt.

Es regnet in Strömen
auf mein Gesicht,
ich denke an nichts als an deine ferne Liebe,
und decke mit aller Kraft
die Hoffnung
warm zu.

Austreibung

Ich weiß, ich schreibe,
mir die Geister auszutreiben,
das Gesindel von Ängsten,
das mich verfolgt.

Noch weiß ich nicht genau,
wer diese neue Frau ist, die ich bin,
so wie eine Stadt nach der Katastrophe unbekannt ist,
wenn die Bezugspunkte
bestimmter Bauwerke nicht mehr vorhanden sind.

Ich weiß nur, mich überzieht
ein geologisches Netz von Rissen,
aus denen zeitlose Vergangenheiten aufsteigen;
ihr Beben kann ich nicht messen,
so sehr ich mich anstrenge.

Dunkel errate ich, taste, ahne
das Ende einer schmerzhaften,
aber immer noch süßen,
Blindheit.

Gioconda Belli

Inhalt

I Wenigstens Blumen, wenigstens Lieder

II Ich bin

III Die Orchidee aus Stahl

IV Eva verweist auf die Äpfel